Belong to

_____

_____

_____

_____

January 1

20__:

_____
_____
_____

20__:

_____
_____
_____

20__:

_____
_____
_____

20__:

_____
_____
_____

20__:

_____
_____
_____

January 1

20__:

_____

_____

_____

20__:

_____

_____

_____

20__:

_____

_____

_____

20__:

_____

_____

_____

20__:

_____

_____

_____

January 2

20___:

_____

_____

_____

20___:

_____

_____

_____

20___:

_____

_____

_____

20___:

_____

_____

_____

20___:

_____

_____

_____

January 3

20__:

_____

_____

_____

20__:

_____

_____

_____

20__:

_____

_____

_____

20__:

_____

_____

_____

20__:

_____

_____

_____

January 4

20__:

_____
_____
_____

20__:

_____
_____
_____

20__:

_____
_____
_____

20__:

_____
_____
_____

20__:

_____
_____

January 5

20___:

_____

_____

_____

20___:

_____

_____

_____

20___:

_____

_____

_____

20___:

_____

_____

_____

20___:

_____

_____

_____

January 6

20__:

_____

_____

_____

20__:

_____

_____

_____

20__:

_____

_____

_____

20__:

_____

_____

_____

20__:

_____

_____

_____

January 7

20___:

_____

_____

_____

20___:

_____

_____

_____

20___:

_____

_____

_____

20___:

_____

_____

_____

20___:

_____

_____

_____

January 8

20___:

_____
_____
_____

20___:

_____
_____
_____

20___:

_____
_____
_____

20___:

_____
_____
_____

20___:

_____
_____
_____

January 9

20___:

_____
_____
_____

20___:

_____
_____
_____

20___:

_____
_____
_____

20___:

_____
_____
_____

20___:

_____
_____
_____

January 10

20___:

_____

_____

_____

20___:

_____

_____

_____

20___:

_____

_____

_____

20___:

_____

_____

_____

20___:

_____

_____

_____

January 11

20___:

_____
_____
_____

20___:

_____
_____
_____

20___:

_____
_____
_____

20___:

_____
_____
_____

20___:

_____
_____
_____

January 12

20___:

_____
_____
_____

20___:

_____
_____
_____

20___:

_____
_____
_____

20___:

_____
_____
_____

20___:

_____
_____
_____

January 13

20___:

_____
_____
_____

20___:

_____
_____
_____

20___:

_____
_____
_____

20___:

_____
_____
_____

20___:

_____
_____
_____

January 14

20___:

_____

_____

_____

20___:

_____

_____

_____

20___:

_____

_____

_____

20___:

_____

_____

_____

20___:

_____

_____

_____

January 15

20___:

_____

_____

_____

20___:

_____

_____

_____

20___:

_____

_____

_____

20___:

_____

_____

_____

20___:

_____

_____

_____

January 16

20___:

_____
_____
_____

20___:

_____
_____
_____

20___:

_____
_____
_____

20___:

_____
_____
_____

20___:

_____
_____
_____

January 17

20___:

_____
_____
_____

20___:

_____
_____
_____

20___:

_____
_____
_____

20___:

_____
_____
_____

20___:

_____
_____
_____

January 18

20___:

_____

_____

_____

20___:

_____

_____

_____

20___:

_____

_____

_____

20___:

_____

_____

_____

20___:

_____

_____

_____

January 19

20__:

_____
_____
_____

20__:

_____
_____
_____

20__:

_____
_____
_____

20__:

_____
_____
_____

20__:

_____
_____
_____

January 20

20___:

_____
_____
_____

20___:

_____
_____
_____

20___:

_____
_____
_____

20___:

_____
_____
_____

20___:

_____
_____

January 21

20__:

_____
_____
_____

20__:

_____
_____
_____

20__:

_____
_____
_____

20__:

_____
_____
_____

20__:

_____
_____
_____

January 22

20__:

_____
_____
_____

20__:

_____
_____
_____

20__:

_____
_____
_____

20__:

_____
_____
_____

20__:

_____
_____
_____

January 23

20__:

_____

_____

_____

20__:

_____

_____

_____

20__:

_____

_____

_____

20__:

_____

_____

_____

20__:

_____

_____

_____

January 24

20___:

_____
_____
_____

20___:

_____
_____
_____

20___:

_____
_____
_____

20___:

_____
_____
_____

20___:

_____
_____
_____

January 25

20___:

_____

_____

_____

20___:

_____

_____

_____

20___:

_____

_____

_____

20___:

_____

_____

_____

20___:

_____

_____

_____

January 26

20___:

_____
_____
_____

20___:

_____
_____
_____

20___:

_____
_____
_____

20___:

_____
_____
_____

20___:

_____
_____
_____

January 27

20___:

_____
_____
_____

20___:

_____
_____
_____

20___:

_____
_____
_____

20___:

_____
_____
_____

20___:

_____
_____
_____

January 28

20__:

_____

_____

_____

20__:

_____

_____

_____

20__:

_____

_____

_____

20__:

_____

_____

_____

20__:

_____

_____

_____

January 29

20___:

_____

_____

_____

20___:

_____

_____

_____

20___:

_____

_____

_____

20___:

_____

_____

_____

20___:

_____

_____

_____

January 30

20__:

_____

_____

_____

20__:

_____

_____

_____

20__:

_____

_____

_____

20__:

_____

_____

_____

20__:

_____

_____

_____

January 31

20__:

_____
_____
_____

20__:

_____
_____
_____

20__:

_____
_____
_____

20__:

_____
_____
_____

20__:

_____
_____
_____

February 1

20___:

_____
_____
_____

20___:

_____
_____
_____

20___:

_____
_____
_____

20___:

_____
_____
_____

20___:

_____
_____
_____

February 2

20___:

_____
_____
_____

20___:

_____
_____
_____

20___:

_____
_____
_____

20___:

_____
_____

20___:

_____
_____
_____

February 3

20___:

_____

_____

_____

20___:

_____

_____

_____

20___:

_____

_____

_____

20___:

_____

_____

_____

20___:

_____

_____

_____

February 4

20___:

_____
_____
_____

20___:

_____
_____
_____

20___:

_____
_____
_____

20___:

_____
_____
_____

20___:

_____
_____
_____

February 5

20__:

_____

_____

_____

20__:

_____

_____

_____

20__:

_____

_____

_____

20__:

_____

_____

_____

20__:

_____

_____

_____

February 6

20___:

_____
_____
_____

20___:

_____
_____
_____

20___:

_____
_____
_____

20___:

_____
_____
_____

20___:

_____
_____
_____

February 7

20___:

_____

_____

_____

20___:

_____

_____

_____

20___:

_____

_____

_____

20___:

_____

_____

_____

20___:

_____

_____

_____

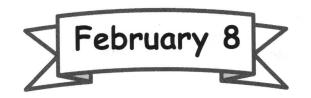

February 8

20___:

_____
_____
_____

20___:

_____
_____
_____

20___:

_____
_____
_____

20___:

_____
_____
_____

20___:

_____
_____
_____

February 9

20___:

_____
_____
_____

20___:

_____
_____
_____

20___:

_____
_____
_____

20___:

_____
_____
_____

20___:

_____
_____
_____

February 10

20__:

_____
_____
_____

20__:

_____
_____
_____

20__:

_____
_____
_____

20__:

_____
_____
_____

20__:

_____
_____
_____

February 11

20___:

_____
_____
_____

20___:

_____
_____
_____

20___:

_____
_____
_____

20___:

_____
_____
_____

20___:

_____
_____
_____

February 12

20___:

_____
_____
_____

20___:

_____
_____
_____

20___:

_____
_____
_____

20___:

_____
_____
_____

20___:

_____
_____
_____

February 13

20__:

_____
_____
_____

20__:

_____
_____
_____

20__:

_____
_____
_____

20__:

_____
_____
_____

20__:

_____
_____
_____

February 14

20___:

_____
_____
_____

20___:

_____
_____
_____

20___:

_____
_____
_____

20___:

_____
_____
_____

20___:

_____
_____
_____

February 15

20__:

_____
_____
_____

20__:

_____
_____
_____

20__:

_____
_____
_____

20__:

_____
_____
_____

20__:

_____
_____
_____

February 16

20___:

_____

_____

_____

20___:

_____

_____

_____

20___:

_____

_____

_____

20___:

_____

_____

_____

20___:

_____

_____

_____

February 17

20__:

_____
_____
_____

20__:

_____
_____
_____

20__:

_____
_____
_____

20__:

_____
_____
_____

20__:

_____
_____
_____

February 18

20___:

_____
_____
_____

20___:

_____
_____
_____

20___:

_____
_____
_____

20___:

_____
_____
_____

20___:

_____
_____
_____

February 19

20__:

_____

_____

_____

20__:

_____

_____

_____

20__:

_____

_____

_____

20__:

_____

_____

_____

20__:

_____

_____

_____

February 20

20__:

_____
_____
_____

20__:

_____
_____
_____

20__:

_____
_____
_____

20__:

_____
_____
_____

20__:

_____
_____
_____

February 21

20___:

_____

_____

_____

20___:

_____

_____

_____

20___:

_____

_____

_____

20___:

_____

_____

_____

20___:

_____

_____

_____

February 22

20___:

_____
_____
_____

20___:

_____
_____
_____

20___:

_____
_____
_____

20___:

_____
_____

20___:

_____
_____

February 23

20___:

_____

_____

_____

20___:

_____

_____

_____

20___:

_____

_____

_____

20___:

_____

_____

_____

20___:

_____

_____

_____

February 24

20__:

_____

_____

_____

20__:

_____

_____

_____

20__:

_____

_____

_____

20__:

_____

_____

_____

20__:

_____

_____

_____

February 25

20___:

_____
_____
_____

20___:

_____
_____
_____

20___:

_____
_____
_____

20___:

_____
_____
_____

20___:

_____
_____
_____

February 26

20___:

_____

_____

_____

20___:

_____

_____

_____

20___:

_____

_____

_____

20___:

_____

_____

_____

20___:

_____

_____

_____

February 27

20___:

_____

_____

_____

20___:

_____

_____

_____

20___:

_____

_____

_____

20___:

_____

_____

_____

20___:

_____

_____

_____

February 28

20___:

_____

_____

_____

20___:

_____

_____

_____

20___:

_____

_____

_____

20___:

_____

_____

_____

20___:

_____

_____

_____

February 29

20___:

_____
_____
_____

20___:

_____
_____
_____

20___:

_____
_____
_____

20___:

_____
_____
_____

20___:

_____
_____
_____

March 1

20__:

_____
_____
_____

20__:

_____
_____
_____

20__:

_____
_____
_____

20__:

_____
_____
_____

20__:

_____
_____
_____

March 2

20___:

_____

_____

_____

20___:

_____

_____

_____

20___:

_____

_____

_____

20___:

_____

_____

_____

20___:

_____

_____

_____

March 3

20___:

_____

_____

_____

20___:

_____

_____

_____

20___:

_____

_____

_____

20___:

_____

_____

_____

20___:

_____

_____

_____

March 4

20__:

_____

_____

_____

20__:

_____

_____

_____

20__:

_____

_____

_____

20__:

_____

_____

_____

20__:

_____

_____

_____

March 5

20__:

_____

_____

_____

20__:

_____

_____

_____

20__:

_____

_____

_____

20__:

_____

_____

_____

20__:

_____

_____

_____

March 6

20___:

_____

_____

_____

20___:

_____

_____

_____

20___:

_____

_____

_____

20___:

_____

_____

_____

20___:

_____

_____

_____

March 7

20___:

_____
_____
_____

20___:

_____
_____
_____

20___:

_____
_____
_____

20___:

_____
_____
_____

20___:

_____
_____
_____

March 8

20__:

_____
_____
_____

20__:

_____
_____
_____

20__:

_____
_____
_____

20__:

_____
_____
_____

20__:

_____
_____
_____

March 9

20___:

_____

_____

_____

20___:

_____

_____

_____

20___:

_____

_____

_____

20___:

_____

_____

_____

20___:

_____

_____

_____

March 10

20___:

_____
_____
_____

20___:

_____
_____
_____

20___:

_____
_____
_____

20___:

_____
_____
_____

20___:

_____
_____
_____

March 11

20___:

_____

_____

_____

20___:

_____

_____

_____

20___:

_____

_____

_____

20___:

_____

_____

_____

20___:

_____

_____

_____

March 12

20___:

_____

_____

_____

20___:

_____

_____

_____

20___:

_____

_____

_____

20___:

_____

_____

_____

20___:

_____

_____

_____

March 13

20___:

_____
_____
_____

20___:

_____
_____
_____

20___:

_____
_____
_____

20___:

_____
_____
_____

20___:

_____
_____
_____

March 14

20___:

_____
_____
_____

20___:

_____
_____
_____

20___:

_____
_____
_____

20___:

_____
_____
_____

20___:

_____
_____
_____

March 15

20__:

_____

_____

_____

20__:

_____

_____

_____

20__:

_____

_____

_____

20__:

_____

_____

_____

20__:

_____

_____

_____

March 16

20__:

_____
_____
_____

20__:

_____
_____
_____

20__:

_____
_____
_____

20__:

_____
_____
_____

20__:

_____
_____
_____

March 17

20___:

_____
_____
_____

20___:

_____
_____
_____

20___:

_____
_____
_____

20___:

_____
_____
_____

20___:

_____
_____
_____

March 18

20___:

_____
_____
_____

20___:

_____
_____
_____

20___:

_____
_____
_____

20___:

_____
_____
_____

20___:

_____
_____
_____

March 19

20___:

_____

_____

_____

20___:

_____

_____

_____

20___:

_____

_____

_____

20___:

_____

_____

_____

20___:

_____

_____

_____

March 20

20___:

_____
_____
_____

20___:

_____
_____
_____

20___:

_____
_____
_____

20___:

_____
_____
_____

20___:

_____
_____
_____

March 21

20__:

_____
_____
_____

20__:

_____
_____
_____

20__:

_____
_____
_____

20__:

_____
_____
_____

20__:

_____
_____
_____

March 22

20___:

_____
_____
_____

20___:

_____
_____
_____

20___:

_____
_____
_____

20___:

_____
_____
_____

20___:

_____
_____
_____

March 23

20__:

_____
_____
_____

20__:

_____
_____
_____

20__:

_____
_____
_____

20__:

_____
_____
_____

20__:

_____
_____
_____

March 24

20__:

_____

_____

_____

20__:

_____

_____

_____

20__:

_____

_____

_____

20__:

_____

_____

_____

20__:

_____

_____

_____

March 25

20___:

_____

_____

_____

20___:

_____

_____

_____

20___:

_____

_____

_____

20___:

_____

_____

_____

20___:

_____

_____

_____

March 26

20___:

_____

_____

_____

20___:

_____

_____

_____

20___:

_____

_____

_____

20___:

_____

_____

_____

20___:

_____

_____

_____

March 27

20___:

_____

_____

_____

20___:

_____

_____

_____

20___:

_____

_____

_____

20___:

_____

_____

_____

20___:

_____

_____

_____

March 28

20__:

_____
_____
_____

20__:

_____
_____
_____

20__:

_____
_____
_____

20__:

_____
_____
_____

20__:

_____
_____
_____

March 29

20___:

_____
_____
_____

20___:

_____
_____
_____

20___:

_____
_____
_____

20___:

_____
_____
_____

20___:

_____
_____
_____

March 30

20___:

_____
_____
_____

20___:

_____
_____
_____

20___:

_____
_____
_____

20___:

_____
_____
_____

20___:

_____
_____
_____

March 31

20___:

_____

_____

_____

20___:

_____

_____

_____

20___:

_____

_____

_____

20___:

_____

_____

_____

20___:

_____

_____

_____

April 1

20__:

_____
_____
_____

20__:

_____
_____
_____

20__:

_____
_____
_____

20__:

_____
_____
_____

20__:

_____
_____
_____

April 2

20___:

_____
_____
_____

20___:

_____
_____
_____

20___:

_____
_____
_____

20___:

_____
_____
_____

20___:

_____
_____
_____

April 3

20___:

_____
_____
_____

20___:

_____
_____
_____

20___:

_____
_____
_____

20___:

_____
_____
_____

20___:

_____
_____
_____

April 4

20__:

_____

_____

_____

20__:

_____

_____

_____

20__:

_____

_____

_____

20__:

_____

_____

_____

20__:

_____

_____

_____

April 5

20___:

_____
_____
_____

20___:

_____
_____
_____

20___:

_____
_____
_____

20___:

_____
_____
_____

20___:

_____
_____
_____

April 6

20__:

_____
_____
_____

20__:

_____
_____
_____

20__:

_____
_____
_____

20__:

_____
_____
_____

20__:

_____
_____
_____

April 7

20__:

_____
_____
_____

20__:

_____
_____
_____

20__:

_____
_____
_____

20__:

_____
_____
_____

20__:

_____
_____
_____

April 8

20___:

_____
_____
_____

20___:

_____
_____
_____

20___:

_____
_____
_____

20___:

_____
_____

20___:

_____
_____
_____

April 9

20__:

_____

_____

_____

20__:

_____

_____

_____

20__:

_____

_____

_____

20__:

_____

_____

_____

20__:

_____

_____

_____

April 10

20__:

_____

_____

_____

20__:

_____

_____

_____

20__:

_____

_____

_____

20__:

_____

_____

_____

20__:

_____

_____

_____

April 11

20___:

_____

_____

_____

20___:

_____

_____

_____

20___:

_____

_____

_____

20___:

_____

_____

_____

20___:

_____

_____

_____

April 12

20__:

_____

_____

_____

20__:

_____

_____

_____

20__:

_____

_____

_____

20__:

_____

_____

_____

20__:

_____

_____

_____

April 13

20__:

_____
_____
_____

20__:

_____
_____
_____

20__:

_____
_____
_____

20__:

_____
_____
_____

20__:

_____
_____
_____

April 14

20___:

_____
_____
_____

20___:

_____
_____
_____

20___:

_____
_____
_____

20___:

_____
_____
_____

20___:

_____
_____
_____

April 15

20__:

_____
_____
_____

20__:

_____
_____
_____

20__:

_____
_____
_____

20__:

_____
_____
_____

20__:

_____
_____
_____

April 16

20___:

_____

_____

_____

20___:

_____

_____

_____

20___:

_____

_____

_____

20___:

_____

_____

_____

20___:

_____

_____

_____

April 17

20__:

_____
_____
_____

20__:

_____
_____
_____

20__:

_____
_____
_____

20__:

_____
_____
_____

20__:

_____
_____
_____

April 18

20___:

_____
_____
_____

20___:

_____
_____
_____

20___:

_____
_____
_____

20___:

_____
_____
_____

20___:

_____
_____
_____

April 19

20___:

_____

_____

_____

20___:

_____

_____

_____

20___:

_____

_____

_____

20___:

_____

_____

_____

20___:

_____

_____

_____

April 20

20__:

_____

_____

_____

20__:

_____

_____

_____

20__:

_____

_____

_____

20__:

_____

_____

_____

20__:

_____

_____

_____

April 21

20__:

_____
_____
_____

20__:

_____
_____
_____

20__:

_____
_____
_____

20__:

_____
_____
_____

20__:

_____
_____
_____

April 22

20___:

_____
_____
_____

20___:

_____
_____
_____

20___:

_____
_____
_____

20___:

_____
_____
_____

20___:

_____
_____
_____

April 23

20___:

_____
_____
_____

20___:

_____
_____
_____

20___:

_____
_____
_____

20___:

_____
_____
_____

20___:

_____
_____
_____

April 24

20___:

_____
_____
_____

20___:

_____
_____
_____

20___:

_____
_____
_____

20___:

_____
_____
_____

20___:

_____
_____
_____

April 25

20___:

_____
_____
_____

20___:

_____
_____
_____

20___:

_____
_____
_____

20___:

_____
_____
_____

20___:

_____
_____
_____

April 26

20___:

_____

_____

_____

20___:

_____

_____

_____

20___:

_____

_____

_____

20___:

_____

_____

_____

20___:

_____

_____

_____

April 27

20___:

_____
_____
_____

20___:

_____
_____
_____

20___:

_____
_____
_____

20___:

_____
_____
_____

20___:

_____
_____
_____

April 28

20__:

_____

_____

_____

20__:

_____

_____

_____

20__:

_____

_____

_____

20__:

_____

_____

_____

20__:

_____

_____

_____

April 29

20___:

_____
_____
_____

20___:

_____
_____
_____

20___:

_____
_____
_____

20___:

_____
_____
_____

20___:

_____
_____
_____

April 30

20___:

_____
_____
_____

20___:

_____
_____
_____

20___:

_____
_____
_____

20___:

_____
_____
_____

20___:

_____
_____

May 1

20___:

_____
_____
_____

20___:

_____
_____
_____

20___:

_____
_____
_____

20___:

_____
_____
_____

20___:

_____
_____
_____

May 2

20___:

_____
_____
_____

20___:

_____
_____
_____

20___:

_____
_____
_____

20___:

_____
_____
_____

20___:

_____
_____
_____

May 3

20__:

_____
_____
_____

20__:

_____
_____
_____

20__:

_____
_____
_____

20__:

_____
_____
_____

20__:

_____
_____
_____

May 4

20___:

_____
_____
_____

20___:

_____
_____
_____

20___:

_____
_____
_____

20___:

_____
_____
_____

20___:

_____
_____
_____

May 5

20___:

_____

_____

_____

20___:

_____

_____

_____

20___:

_____

_____

_____

20___:

_____

_____

_____

20___:

_____

_____

_____

May 6

20__:

_____
_____
_____

20__:

_____
_____
_____

20__:

_____
_____
_____

20__:

_____
_____
_____

20__:

_____
_____
_____

May 7

20___:

_____
_____
_____

20___:

_____
_____
_____

20___:

_____
_____
_____

20___:

_____
_____
_____

20___:

_____
_____
_____

May 8

20___:

_____

_____

_____

20___:

_____

_____

_____

20___:

_____

_____

_____

20___:

_____

_____

_____

20___:

_____

_____

_____

May 9

20__:

_____
_____
_____

20__:

_____
_____
_____

20__:

_____
_____
_____

20__:

_____
_____
_____

20__:

_____
_____
_____

May 10

20___:

_____
_____
_____

20___:

_____
_____
_____

20___:

_____
_____
_____

20___:

_____
_____
_____

20___:

_____
_____
_____

May 11

20___:

_____
_____
_____

20___:

_____
_____
_____

20___:

_____
_____
_____

20___:

_____
_____
_____

20___:

_____
_____
_____

May 12

20___:

_____

_____

_____

20___:

_____

_____

_____

20___:

_____

_____

_____

20___:

_____

_____

_____

20___:

_____

_____

_____

May 13

20___:

_____
_____
_____

20___:

_____
_____
_____

20___:

_____
_____
_____

20___:

_____
_____
_____

20___:

_____
_____
_____

May 14

20___:

_____
_____
_____

20___:

_____
_____
_____

20___:

_____
_____
_____

20___:

_____
_____
_____

20___:

_____
_____
_____

May 15

20___:

_____

_____

_____

20___:

_____

_____

_____

20___:

_____

_____

_____

20___:

_____

_____

_____

20___:

_____

_____

_____

May 16

20___:

_____
_____
_____

20___:

_____
_____
_____

20___:

_____
_____
_____

20___:

_____
_____
_____

20___:

_____
_____
_____

May 17

20___:

_____

_____

_____

20___:

_____

_____

_____

20___:

_____

_____

_____

20___:

_____

_____

_____

20___:

_____

_____

_____

May 18

20___:

_____
_____
_____

20___:

_____
_____
_____

20___:

_____
_____
_____

20___:

_____
_____
_____

20___:

_____
_____
_____

May 19

20__:

_____

_____

_____

20__:

_____

_____

_____

20__:

_____

_____

_____

20__:

_____

_____

_____

20__:

_____

_____

_____

May 20

20__:

_____
_____
_____

20__:

_____
_____
_____

20__:

_____
_____
_____

20__:

_____
_____
_____

20__:

_____
_____
_____

May 21

20___:

_____

_____

_____

20___:

_____

_____

_____

20___:

_____

_____

_____

20___:

_____

_____

_____

20___:

_____

_____

_____

May 22

20___:

_____

_____

_____

20___:

_____

_____

_____

20___:

_____

_____

_____

20___:

_____

_____

_____

20___:

_____

_____

_____

May 23

20__:

_____
_____
_____

20__:

_____
_____
_____

20__:

_____
_____
_____

20__:

_____
_____
_____

20__:

_____
_____
_____

May 24

20__:

_____
_____
_____

20__:

_____
_____
_____

20__:

_____
_____
_____

20__:

_____
_____
_____

20__:

_____
_____
_____

May 25

20__:

_____
_____
_____

20__:

_____
_____
_____

20__:

_____
_____
_____

20__:

_____
_____
_____

20__:

_____
_____
_____

May 26

20___:

_____
_____
_____

20___:

_____
_____
_____

20___:

_____
_____
_____

20___:

_____
_____
_____

20___:

_____
_____
_____

May 27

20__:

_____

_____

_____

20__:

_____

_____

_____

20__:

_____

_____

_____

20__:

_____

_____

_____

20__:

_____

_____

_____

May 28

20___:

_____
_____
_____

20___:

_____
_____
_____

20___:

_____
_____
_____

20___:

_____
_____
_____

20___:

_____
_____
_____

May 29

20___:

_____
_____
_____

20___:

_____
_____
_____

20___:

_____
_____
_____

20___:

_____
_____
_____

20___:

_____
_____
_____

May 30

20___:

_____
_____
_____

20___:

_____
_____
_____

20___:

_____
_____
_____

20___:

_____
_____
_____

20___:

_____
_____
_____

May 31

20__:

_____
_____
_____

20__:

_____
_____
_____

20__:

_____
_____
_____

20__:

_____
_____
_____

20__:

_____
_____
_____

June 1

20___:

_____

_____

_____

20___:

_____

_____

_____

20___:

_____

_____

_____

20___:

_____

_____

_____

20___:

_____

_____

_____

June 2

20___:

_____

_____

_____

20___:

_____

_____

_____

20___:

_____

_____

_____

20___:

_____

_____

_____

20___:

_____

_____

_____

June 3

20___:

_____
_____
_____

20___:

_____
_____
_____

20___:

_____
_____
_____

20___:

_____
_____
_____

20___:

_____
_____
_____

June 4

20__:

_____
_____
_____

20__:

_____
_____
_____

20__:

_____
_____
_____

20__:

_____
_____
_____

20__:

_____
_____
_____

June 5

20__:

_____
_____
_____

20__:

_____
_____
_____

20__:

_____
_____
_____

20__:

_____
_____
_____

20__:

_____
_____
_____

June 6

20___:

_____

_____

_____

20___:

_____

_____

_____

20___:

_____

_____

_____

20___:

_____

_____

_____

20___:

_____

_____

_____

June 7

20__:

_____
_____
_____

20__:

_____
_____
_____

20__:

_____
_____
_____

20__:

_____
_____
_____

20__:

_____
_____
_____

June 8

20___:

_____
_____
_____

20___:

_____
_____
_____

20___:

_____
_____
_____

20___:

_____
_____
_____

20___:

_____
_____
_____

June 9

20___:

_____
_____
_____

20___:

_____
_____
_____

20___:

_____
_____
_____

20___:

_____
_____
_____

20___:

_____
_____
_____

June 10

20___:

_____
_____
_____

20___:

_____
_____
_____

20___:

_____
_____
_____

20___:

_____
_____
_____

20___:

_____
_____
_____

June 11

20___:

_____

_____

_____

20___:

_____

_____

_____

20___:

_____

_____

_____

20___:

_____

_____

_____

20___:

_____

_____

_____

June 12

20___:

_____
_____
_____

20___:

_____
_____
_____

20___:

_____
_____
_____

20___:

_____
_____
_____

20___:

_____
_____
_____

June 13

20__:

_____

_____

_____

20__:

_____

_____

_____

20__:

_____

_____

_____

20__:

_____

_____

_____

20__:

_____

_____

_____

June 14

20__:

_____
_____
_____

20__:

_____
_____
_____

20__:

_____
_____
_____

20__:

_____
_____
_____

20__:

_____
_____
_____

June 15

20__:

_____

_____

_____

20__:

_____

_____

_____

20__:

_____

_____

_____

20__:

_____

_____

_____

20__:

_____

_____

_____

June 16

20___:

_____

_____

_____

20___:

_____

_____

_____

20___:

_____

_____

_____

20___:

_____

_____

_____

20___:

_____

_____

_____

June 17

20___:

_____

_____

_____

20___:

_____

_____

_____

20___:

_____

_____

_____

20___:

_____

_____

_____

20___:

_____

_____

_____

June 18

20__:

_____
_____
_____

20__:

_____
_____
_____

20__:

_____
_____
_____

20__:

_____
_____
_____

20__:

_____
_____
_____

June 19

20___:

_____
_____
_____

20___:

_____
_____
_____

20___:

_____
_____
_____

20___:

_____
_____
_____

20___:

_____
_____
_____

June 20

20___:

_____
_____
_____

20___:

_____
_____
_____

20___:

_____
_____
_____

20___:

_____
_____
_____

20___:

_____
_____
_____

June 21

20___:

_____
_____
_____

20___:

_____
_____
_____

20___:

_____
_____
_____

20___:

_____
_____
_____

20___:

_____
_____
_____

June 22

20__:

_____

_____

_____

20__:

_____

_____

_____

20__:

_____

_____

_____

20__:

_____

_____

_____

20__:

_____

_____

_____

June 23

20___:

_____

_____

_____

20___:

_____

_____

_____

20___:

_____

_____

_____

20___:

_____

_____

_____

20___:

_____

_____

_____

June 24

20__:

_____

_____

_____

20__:

_____

_____

_____

20__:

_____

_____

_____

20__:

_____

_____

_____

20__:

_____

_____

_____

June 25

20___:

_____
_____
_____

20___:

_____
_____
_____

20___:

_____
_____
_____

20___:

_____
_____
_____

20___:

_____
_____
_____

June 26

20__:

_____
_____
_____

20__:

_____
_____
_____

20__:

_____
_____
_____

20__:

_____
_____
_____

20__:

_____
_____
_____

June 27

20___:

_____
_____
_____

20___:

_____
_____
_____

20___:

_____
_____
_____

20___:

_____
_____
_____

20___:

_____
_____
_____

June 28

20__:

_____
_____
_____

20__:

_____
_____
_____

20__:

_____
_____
_____

20__:

_____
_____
_____

20__:

_____
_____
_____

June 29

20__:

_____

_____

_____

20__:

_____

_____

_____

20__:

_____

_____

_____

20__:

_____

_____

_____

20__:

_____

_____

_____

June 30

20___:

_____
_____
_____

20___:

_____
_____
_____

20___:

_____
_____
_____

20___:

_____
_____
_____

20___:

_____
_____
_____

July 1

20___:

_____

_____

_____

20___:

_____

_____

_____

20___:

_____

_____

_____

20___:

_____

_____

_____

20___:

_____

_____

_____

July 2

20__:

_____
_____
_____

20__:

_____
_____
_____

20__:

_____
_____
_____

20__:

_____
_____
_____

20__:

_____
_____
_____

July 3

20__:

_____

_____

_____

20__:

_____

_____

_____

20__:

_____

_____

_____

20__:

_____

_____

_____

20__:

_____

_____

_____

July 4

20___:

_____
_____
_____

20___:

_____
_____
_____

20___:

_____
_____
_____

20___:

_____
_____
_____

20___:

_____
_____
_____

July 5

20___:

_____

_____

_____

20___:

_____

_____

_____

20___:

_____

_____

_____

20___:

_____

_____

_____

20___:

_____

_____

_____

July 6

20___:

_____
_____
_____

20___:

_____
_____
_____

20___:

_____
_____
_____

20___:

_____
_____
_____

20___:

_____
_____
_____

July 7

20___:

_____
_____
_____

20___:

_____
_____
_____

20___:

_____
_____
_____

20___:

_____
_____
_____

20___:

_____
_____
_____

July 8

20___:

_____

_____

_____

20___:

_____

_____

_____

20___:

_____

_____

_____

20___:

_____

_____

_____

20___:

_____

_____

_____

July 9

20__:

_____
_____
_____

20__:

_____
_____
_____

20__:

_____
_____
_____

20__:

_____
_____
_____

20__:

_____
_____
_____

July 10

20___:

_____
_____
_____

20___:

_____
_____
_____

20___:

_____
_____
_____

20___:

_____
_____
_____

20___:

_____
_____
_____

July 11

20___:

_____

_____

_____

20___:

_____

_____

_____

20___:

_____

_____

_____

20___:

_____

_____

_____

20___:

_____

_____

_____

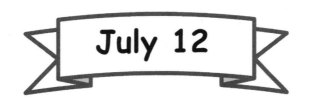

July 12

20__:

_____
_____
_____

20__:

_____
_____
_____

20__:

_____
_____
_____

20__:

_____
_____
_____

20__:

_____
_____
_____

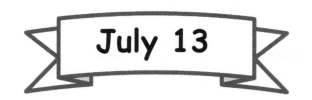

July 13

20___:

_____
_____
_____

20___:

_____
_____
_____

20___:

_____
_____
_____

20___:

_____
_____
_____

20___:

_____
_____
_____

July 14

20___:

_____

_____

_____

20___:

_____

_____

_____

20___:

_____

_____

_____

20___:

_____

_____

_____

20___:

_____

_____

_____

July 15

20__:

_____

_____

_____

20__:

_____

_____

_____

20__:

_____

_____

_____

20__:

_____

_____

_____

20__:

_____

_____

_____

July 16

20__:

_____

_____

_____

20__:

_____

_____

_____

20__:

_____

_____

_____

20__:

_____

_____

_____

20__:

_____

_____

_____

July 17

20___:

_____

_____

_____

20___:

_____

_____

_____

20___:

_____

_____

_____

20___:

_____

_____

_____

20___:

_____

_____

_____

July 18

20___:

_____
_____
_____

20___:

_____
_____
_____

20___:

_____
_____
_____

20___:

_____
_____
_____

20___:

_____
_____
_____

July 19

20__:

_____
_____
_____

20__:

_____
_____
_____

20__:

_____
_____
_____

20__:

_____
_____
_____

20__:

_____
_____
_____

July 20

20___:

_____
_____
_____

20___:

_____
_____
_____

20___:

_____
_____
_____

20___:

_____
_____
_____

20___:

_____
_____
_____

July 21

20___:

_____

_____

_____

20___:

_____

_____

_____

20___:

_____

_____

_____

20___:

_____

_____

_____

20___:

_____

_____

_____

July 22

20___:

_____

_____

_____

20___:

_____

_____

_____

20___:

_____

_____

_____

20___:

_____

_____

_____

20___:

_____

_____

_____

July 23

20___:

_____

_____

_____

20___:

_____

_____

_____

20___:

_____

_____

_____

20___:

_____

_____

_____

20___:

_____

_____

_____

July 24

20__:

_____

_____

_____

20__:

_____

_____

_____

20__:

_____

_____

_____

20__:

_____

_____

_____

20__:

_____

_____

_____

July 25

20___:

_____
_____
_____

20___:

_____
_____
_____

20___:

_____
_____
_____

20___:

_____
_____
_____

20___:

_____
_____
_____

July 26

20___:

_____
_____
_____

20___:

_____
_____
_____

20___:

_____
_____
_____

20___:

_____
_____
_____

20___:

_____
_____
_____

July 27

20___:

_____

_____

_____

20___:

_____

_____

_____

20___:

_____

_____

_____

20___:

_____

_____

_____

20___:

_____

_____

_____

July 28

20___:

_____
_____
_____

20___:

_____
_____
_____

20___:

_____
_____
_____

20___:

_____
_____
_____

20___:

_____
_____
_____

July 29

20___:

_____
_____
_____

20___:

_____
_____
_____

20___:

_____
_____
_____

20___:

_____
_____
_____

20___:

_____
_____
_____

July 30

20___:

_____
_____
_____

20___:

_____
_____
_____

20___:

_____
_____
_____

20___:

_____
_____
_____

20___:

_____
_____
_____

July 31

20___:

_____

_____

_____

20___:

_____

_____

_____

20___:

_____

_____

_____

20___:

_____

_____

_____

20___:

_____

_____

_____

August 1

20__:

_____
_____
_____

20__:

_____
_____
_____

20__:

_____
_____
_____

20__:

_____
_____
_____

20__:

_____
_____
_____

August 2

20___:

_____
_____
_____

20___:

_____
_____
_____

20___:

_____
_____
_____

20___:

_____
_____
_____

20___:

_____
_____
_____

August 3

20___:

_____

_____

_____

20___:

_____

_____

_____

20___:

_____

_____

_____

20___:

_____

_____

_____

20___:

_____

_____

_____

August 4

20___:

_____

_____

_____

20___:

_____

_____

_____

20___:

_____

_____

_____

20___:

_____

_____

_____

20___:

_____

_____

_____

August 5

20___:

_____
_____
_____

20___:

_____
_____
_____

20___:

_____
_____
_____

20___:

_____
_____
_____

20___:

_____
_____
_____

August 6

20___:

_____

_____

_____

20___:

_____

_____

_____

20___:

_____

_____

_____

20___:

_____

_____

_____

20___:

_____

_____

_____

August 7

20___:

_____
_____
_____

20___:

_____
_____
_____

20___:

_____
_____
_____

20___:

_____
_____
_____

20___:

_____
_____
_____

August 8

20__:

_____
_____
_____

20__:

_____
_____
_____

20__:

_____
_____
_____

20__:

_____
_____
_____

20__:

_____
_____
_____

August 9

20__:

_____

_____

_____

20__:

_____

_____

_____

20__:

_____

_____

_____

20__:

_____

_____

_____

20__:

_____

_____

_____

August 10

20___:

_____
_____
_____

20___:

_____
_____
_____

20___:

_____
_____
_____

20___:

_____
_____
_____

20___:

_____
_____
_____

August 11

20___:

_____

_____

_____

20___:

_____

_____

_____

20___:

_____

_____

_____

20___:

_____

_____

_____

20___:

_____

_____

_____

August 12

20___:

_____

_____

_____

20___:

_____

_____

_____

20___:

_____

_____

_____

20___:

_____

_____

_____

20___:

_____

_____

_____

August 13

20___:

_____
_____
_____

20___:

_____
_____
_____

20___:

_____
_____
_____

20___:

_____
_____
_____

20___:

_____
_____
_____

August 14

20___:

_____
_____
_____

20___:

_____
_____
_____

20___:

_____
_____
_____

20___:

_____
_____
_____

20___:

_____
_____
_____

August 15

20___:

_____

_____

_____

20___:

_____

_____

_____

20___:

_____

_____

_____

20___:

_____

_____

_____

20___:

_____

_____

_____

August 16

20___:

_____
_____
_____

20___:

_____
_____
_____

20___:

_____
_____
_____

20___:

_____
_____
_____

20___:

_____
_____
_____

August 17

20___:

_____
_____
_____

20___:

_____
_____
_____

20___:

_____
_____
_____

20___:

_____
_____
_____

20___:

_____
_____
_____

August 18

20__:

_____

_____

_____

20__:

_____

_____

_____

20__:

_____

_____

_____

20__:

_____

_____

_____

20__:

_____

_____

_____

August 19

20___:

_____

_____

_____

20___:

_____

_____

_____

20___:

_____

_____

_____

20___:

_____

_____

_____

20___:

_____

_____

_____

August 20

20___:

_____

_____

_____

20___:

_____

_____

_____

20___:

_____

_____

_____

20___:

_____

_____

_____

20___:

_____

_____

_____

August 21

20___:

_____
_____
_____

20___:

_____
_____
_____

20___:

_____
_____
_____

20___:

_____
_____
_____

20___:

_____
_____
_____

August 22

20___:

_____
_____
_____

20___:

_____
_____
_____

20___:

_____
_____
_____

20___:

_____
_____
_____

20___:

_____
_____
_____

August 23

20___:

_____

_____

_____

20___:

_____

_____

_____

20___:

_____

_____

_____

20___:

_____

_____

_____

20___:

_____

_____

_____

August 24

20___:

_____
_____
_____

20___:

_____
_____
_____

20___:

_____
_____
_____

20___:

_____
_____
_____

20___:

_____
_____
_____

August 25

20__:

_____
_____
_____

20__:

_____
_____
_____

20__:

_____
_____
_____

20__:

_____
_____
_____

20__:

_____
_____
_____

August 26

20___:

_____

_____

_____

20___:

_____

_____

_____

20___:

_____

_____

_____

20___:

_____

_____

_____

20___:

_____

_____

_____

August 27

20___:

_____

_____

_____

20___:

_____

_____

_____

20___:

_____

_____

_____

20___:

_____

_____

_____

20___:

_____

_____

_____

August 28

20___:

_____
_____
_____

20___:

_____
_____
_____

20___:

_____
_____
_____

20___:

_____
_____
_____

20___:

_____
_____
_____

August 29

20__:

_____
_____
_____

20__:

_____
_____
_____

20__:

_____
_____
_____

20__:

_____
_____
_____

20__:

_____
_____
_____

August 30

20__:

_____
_____
_____

20__:

_____
_____
_____

20__:

_____
_____
_____

20__:

_____
_____
_____

20__:

_____
_____
_____

August 31

20__:

_____

_____

_____

20__:

_____

_____

_____

20__:

_____

_____

_____

20__:

_____

_____

_____

20__:

_____

_____

_____

September 1

20___:

_____

_____

_____

20___:

_____

_____

_____

20___:

_____

_____

_____

20___:

_____

_____

_____

20___:

_____

_____

_____

September 2

20__:

_____
_____
_____

20__:

_____
_____
_____

20__:

_____
_____
_____

20__:

_____
_____
_____

20__:

_____
_____
_____

September 3

20__:

_____

_____

_____

20__:

_____

_____

_____

20__:

_____

_____

_____

20__:

_____

_____

_____

20__:

_____

_____

_____

September 4

20___:

_____
_____
_____

20___:

_____
_____
_____

20___:

_____
_____
_____

20___:

_____
_____
_____

20___:

_____
_____
_____

September 5

20___:

_____
_____
_____

20___:

_____
_____
_____

20___:

_____
_____
_____

20___:

_____
_____
_____

20___:

_____
_____
_____

September 6

20__:

_____

_____

_____

20__:

_____

_____

_____

20__:

_____

_____

_____

20__:

_____

_____

_____

20__:

_____

_____

_____

September 7

20__:

_____

_____

_____

20__:

_____

_____

_____

20__:

_____

_____

_____

20__:

_____

_____

_____

20__:

_____

_____

_____

September 8

20___:

_____
_____
_____

20___:

_____
_____
_____

20___:

_____
_____
_____

20___:

_____
_____
_____

20___:

_____
_____
_____

September 9

20___:

_____

_____

_____

20___:

_____

_____

_____

20___:

_____

_____

_____

20___:

_____

_____

_____

20___:

_____

_____

_____

September 10

20__:

_____

_____

_____

20__:

_____

_____

_____

20__:

_____

_____

_____

20__:

_____

_____

_____

20__:

_____

_____

_____

September 11

20___:

_____
_____
_____

20___:

_____
_____
_____

20___:

_____
_____
_____

20___:

_____
_____
_____

20___:

_____
_____
_____

September 12

20__:

_____

_____

_____

20__:

_____

_____

_____

20__:

_____

_____

_____

20__:

_____

_____

_____

20__:

_____

_____

_____

September 13

20___:

_____

_____

_____

20___:

_____

_____

_____

20___:

_____

_____

_____

20___:

_____

_____

_____

20___:

_____

_____

_____

September 14

20___:

_____
_____
_____

20___:

_____
_____
_____

20___:

_____
_____
_____

20___:

_____
_____
_____

20___:

_____
_____
_____

September 15

20___:

_____

_____

_____

20___:

_____

_____

_____

20___:

_____

_____

_____

20___:

_____

_____

_____

20___:

_____

_____

_____

September 16

20__:

_____
_____
_____

20__:

_____
_____
_____

20__:

_____
_____
_____

20__:

_____
_____
_____

20__:

_____
_____
_____

September 17

20___:

_____
_____
_____

20___:

_____
_____
_____

20___:

_____
_____
_____

20___:

_____
_____
_____

20___:

_____
_____
_____

September 18

20___:

_____

_____

_____

20___:

_____

_____

_____

20___:

_____

_____

_____

20___:

_____

_____

_____

20___:

_____

_____

_____

September 19

20___:

_____
_____
_____

20___:

_____
_____
_____

20___:

_____
_____
_____

20___:

_____
_____
_____

20___:

_____
_____
_____

September 20

20___:

_____
_____
_____

20___:

_____
_____
_____

20___:

_____
_____
_____

20___:

_____
_____
_____

20___:

_____
_____
_____

September 21

20__:

_____

_____

_____

20__:

_____

_____

_____

20__:

_____

_____

_____

20__:

_____

_____

_____

20__:

_____

_____

_____

September 22

20__:

_____

_____

_____

20__:

_____

_____

_____

20__:

_____

_____

_____

20__:

_____

_____

_____

20__:

_____

_____

_____

September 23

20___:

_____
_____
_____

20___:

_____
_____
_____

20___:

_____
_____
_____

20___:

_____
_____
_____

20___:

_____
_____
_____

September 24

20___:

_____

_____

_____

20___:

_____

_____

_____

20___:

_____

_____

_____

20___:

_____

_____

_____

20___:

_____

_____

_____

September 25

20__:

_____

_____

_____

20__:

_____

_____

_____

20__:

_____

_____

_____

20__:

_____

_____

_____

20__:

_____

_____

_____

September 26

20__:

_____

_____

_____

20__:

_____

_____

_____

20__:

_____

_____

_____

20__:

_____

_____

_____

20__:

_____

_____

_____

September 27

20___:

_____
_____
_____

20___:

_____
_____
_____

20___:

_____
_____
_____

20___:

_____
_____
_____

20___:

_____
_____
_____

September 28

20___:

_____
_____
_____

20___:

_____
_____
_____

20___:

_____
_____
_____

20___:

_____
_____
_____

20___:

_____
_____
_____

September 29

20__:

_____

_____

_____

20__:

_____

_____

_____

20__:

_____

_____

_____

20__:

_____

_____

_____

20__:

_____

_____

_____

September 30

20___:

_____
_____
_____

20___:

_____
_____
_____

20___:

_____
_____
_____

20___:

_____
_____
_____

20___:

_____
_____
_____

October 1

20__:

_____
_____
_____

20__:

_____
_____
_____

20__:

_____
_____
_____

20__:

_____
_____
_____

20__:

_____
_____
_____

October 2

20___:

_____
_____
_____

20___:

_____
_____
_____

20___:

_____
_____
_____

20___:

_____
_____
_____

20___:

_____
_____
_____

October 3

20___:

_____

_____

_____

20___:

_____

_____

_____

20___:

_____

_____

_____

20___:

_____

_____

_____

20___:

_____

_____

_____

October 4

20___:

_____
_____
_____

20___:

_____
_____
_____

20___:

_____
_____
_____

20___:

_____
_____
_____

20___:

_____
_____
_____

October 5

20__:

_____
_____
_____

20__:

_____
_____
_____

20__:

_____
_____
_____

20__:

_____
_____
_____

20__:

_____
_____
_____

October 6

20__:

_____

_____

_____

20__:

_____

_____

_____

20__:

_____

_____

_____

20__:

_____

_____

_____

20__:

_____

_____

_____

October 7

20___:

_____

_____

_____

20___:

_____

_____

_____

20___:

_____

_____

_____

20___:

_____

_____

_____

20___:

_____

_____

_____

October 8

20___:

_____

_____

_____

20___:

_____

_____

_____

20___:

_____

_____

_____

20___:

_____

_____

_____

20___:

_____

_____

_____

October 9

20___:

_____
_____
_____

20___:

_____
_____
_____

20___:

_____
_____
_____

20___:

_____
_____
_____

20___:

_____
_____
_____

October 10

20__:

_____

_____

_____

20__:

_____

_____

_____

20__:

_____

_____

_____

20__:

_____

_____

_____

20__:

_____

_____

_____

October 11

20___:

_____

_____

_____

20___:

_____

_____

_____

20___:

_____

_____

_____

20___:

_____

_____

_____

20___:

_____

_____

_____

October 12

20__:

_____

_____

_____

20__:

_____

_____

_____

20__:

_____

_____

_____

20__:

_____

_____

_____

20__:

_____

_____

_____

October 13

20___:

_____

_____

_____

20___:

_____

_____

_____

20___:

_____

_____

_____

20___:

_____

_____

_____

20___:

_____

_____

_____

October 14

20__:

_____
_____
_____

20__:

_____
_____
_____

20__:

_____
_____
_____

20__:

_____
_____
_____

20__:

_____
_____
_____

October 15

20___:

_____
_____
_____

20___:

_____
_____
_____

20___:

_____
_____
_____

20___:

_____
_____
_____

20___:

_____
_____
_____

October 16

20___:

_____
_____
_____

20___:

_____
_____
_____

20___:

_____
_____
_____

20___:

_____
_____
_____

20___:

_____
_____
_____

October 17

20__:

_____

_____

_____

20__:

_____

_____

_____

20__:

_____

_____

_____

20__:

_____

_____

_____

20__:

_____

_____

_____

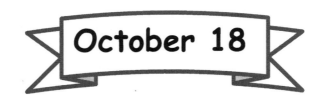

October 18

20__:

_____
_____
_____

20__:

_____
_____
_____

20__:

_____
_____
_____

20__:

_____
_____
_____

20__:

_____
_____
_____

October 19

20___:

_____
_____
_____

20___:

_____
_____
_____

20___:

_____
_____
_____

20___:

_____
_____
_____

20___:

_____
_____
_____

October 20

20___:

_____

_____

_____

20___:

_____

_____

_____

20___:

_____

_____

_____

20___:

_____

_____

_____

20___:

_____

_____

_____

October 21

20__:

_____

_____

_____

20__:

_____

_____

_____

20__:

_____

_____

_____

20__:

_____

_____

_____

20__:

_____

_____

_____

October 22

20___:

_____
_____
_____

20___:

_____
_____
_____

20___:

_____
_____
_____

20___:

_____
_____
_____

20___:

_____
_____
_____

October 23

20___:

_____

_____

_____

20___:

_____

_____

_____

20___:

_____

_____

_____

20___:

_____

_____

_____

20___:

_____

_____

_____

October 24

20___:

_____

_____

_____

20___:

_____

_____

_____

20___:

_____

_____

_____

20___:

_____

_____

_____

20___:

_____

_____

_____

October 25

20___:

_____
_____
_____

20___:

_____
_____
_____

20___:

_____
_____
_____

20___:

_____
_____
_____

20___:

_____
_____
_____

October 26

20__:

_____
_____
_____

20__:

_____
_____
_____

20__:

_____
_____
_____

20__:

_____
_____
_____

20__:

_____
_____
_____

October 27

20___:

_____

_____

_____

20___:

_____

_____

_____

20___:

_____

_____

_____

20___:

_____

_____

_____

20___:

_____

_____

_____

October 28

20___:

_____

_____

_____

20___:

_____

_____

_____

20___:

_____

_____

_____

20___:

_____

_____

_____

20___:

_____

_____

_____

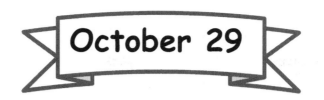

October 29

20__:

_____
_____
_____

20__:

_____
_____
_____

20__:

_____
_____
_____

20__:

_____
_____
_____

20__:

_____
_____
_____

October 30

20___:

_____

_____

_____

20___:

_____

_____

_____

20___:

_____

_____

_____

20___:

_____

_____

_____

20___:

_____

_____

_____

October 31

20__:

_____

_____

_____

20__:

_____

_____

_____

20__:

_____

_____

_____

20__:

_____

_____

_____

20__:

_____

_____

_____

November 1

20___:

_____
_____
_____

20___:

_____
_____
_____

20___:

_____
_____
_____

20___:

_____
_____
_____

20___:

_____
_____
_____

November 2

20__:

_____
_____
_____

20__:

_____
_____
_____

20__:

_____
_____
_____

20__:

_____
_____
_____

20__:

_____
_____
_____

November 3

20___:

_____

_____

_____

20___:

_____

_____

_____

20___:

_____

_____

_____

20___:

_____

_____

_____

20___:

_____

_____

_____

November 4

20___:

_____

_____

_____

20___:

_____

_____

_____

20___:

_____

_____

_____

20___:

_____

_____

_____

20___:

_____

_____

_____

November 5

20___:

_____

_____

_____

20___:

_____

_____

_____

20___:

_____

_____

_____

20___:

_____

_____

_____

20___:

_____

_____

_____

November 6

20__:

_____

_____

_____

20__:

_____

_____

_____

20__:

_____

_____

_____

20__:

_____

_____

_____

20__:

_____

_____

_____

November 7

20___:

_____

_____

_____

20___:

_____

_____

_____

20___:

_____

_____

_____

20___:

_____

_____

_____

20___:

_____

_____

_____

November 8

20__:

_____
_____
_____

20__:

_____
_____
_____

20__:

_____
_____
_____

20__:

_____
_____
_____

20__:

_____
_____
_____

November 9

20___:

_____
_____
_____

20___:

_____
_____
_____

20___:

_____
_____
_____

20___:

_____
_____
_____

20___:

_____
_____
_____

November 10

20___:

_____

_____

_____

20___:

_____

_____

_____

20___:

_____

_____

_____

20___:

_____

_____

_____

20___:

_____

_____

_____

November 11

20___:

_____

_____

_____

20___:

_____

_____

_____

20___:

_____

_____

_____

20___:

_____

_____

_____

20___:

_____

_____

_____

November 12

20__:

_____

_____

_____

20__:

_____

_____

_____

20__:

_____

_____

_____

20__:

_____

_____

_____

20__:

_____

_____

_____

November 13

20__:

_____
_____
_____

20__:

_____
_____
_____

20__:

_____
_____
_____

20__:

_____
_____
_____

20__:

_____
_____
_____

November 14

20___:

_____
_____
_____

20___:

_____
_____
_____

20___:

_____
_____
_____

20___:

_____
_____
_____

20___:

_____
_____
_____

November 15

20___:

_____
_____
_____

20___:

_____
_____
_____

20___:

_____
_____
_____

20___:

_____
_____
_____

20___:

_____
_____
_____

November 16

20___:

_____

_____

_____

20___:

_____

_____

_____

20___:

_____

_____

_____

20___:

_____

_____

_____

20___:

_____

_____

_____

November 17

20___:

_____
_____
_____

20___:

_____
_____
_____

20___:

_____
_____
_____

20___:

_____
_____
_____

20___:

_____
_____
_____

November 18

20___:

_____
_____
_____

20___:

_____
_____
_____

20___:

_____
_____
_____

20___:

_____
_____
_____

20___:

_____
_____
_____

November 19

20___:

_____
_____
_____

20___:

_____
_____
_____

20___:

_____
_____
_____

20___:

_____
_____
_____

20___:

_____
_____
_____

November 20

20__:

_____

_____

_____

20__:

_____

_____

_____

20__:

_____

_____

_____

20__:

_____

_____

_____

20__:

_____

_____

_____

November 21

20___:

_____
_____
_____

20___:

_____
_____
_____

20___:

_____
_____
_____

20___:

_____
_____
_____

20___:

_____
_____
_____

November 22

20___:

_____

_____

_____

20___:

_____

_____

_____

20___:

_____

_____

_____

20___:

_____

_____

_____

20___:

_____

_____

_____

November 23

20___:

_____

_____

_____

20___:

_____

_____

_____

20___:

_____

_____

_____

20___:

_____

_____

_____

20___:

_____

_____

_____

November 24

20___:

_____

_____

_____

20___:

_____

_____

_____

20___:

_____

_____

_____

20___:

_____

_____

_____

20___:

_____

_____

_____

November 25

20___:

_____
_____
_____

20___:

_____
_____
_____

20___:

_____
_____
_____

20___:

_____
_____
_____

20___:

_____
_____
_____

November 26

20___:

_____
_____
_____

20___:

_____
_____
_____

20___:

_____
_____
_____

20___:

_____
_____
_____

20___:

_____
_____
_____

November 27

20___:

_____

_____

_____

20___:

_____

_____

_____

20___:

_____

_____

_____

20___:

_____

_____

_____

20___:

_____

_____

_____

November 28

20___:

_____
_____
_____

20___:

_____
_____
_____

20___:

_____
_____
_____

20___:

_____
_____
_____

20___:

_____
_____
_____

November 29

20___:

_____

_____

_____

20___:

_____

_____

_____

20___:

_____

_____

_____

20___:

_____

_____

_____

20___:

_____

_____

_____

November 30

20___:

_____
_____
_____

20___:

_____
_____
_____

20___:

_____
_____
_____

20___:

_____
_____
_____

20___:

_____
_____
_____

December 1

20__:

_____
_____
_____

20__:

_____
_____
_____

20__:

_____
_____
_____

20__:

_____
_____
_____

20__:

_____
_____
_____

December 2

20___:

_____
_____
_____

20___:

_____
_____
_____

20___:

_____
_____
_____

20___:

_____
_____
_____

20___:

_____
_____
_____

December 3

20___:

_____
_____
_____

20___:

_____
_____
_____

20___:

_____
_____
_____

20___:

_____
_____
_____

20___:

_____
_____
_____

December 4

20___:

_____

_____

_____

20___:

_____

_____

_____

20___:

_____

_____

_____

20___:

_____

_____

_____

20___:

_____

_____

_____

December 5

20__:

_____
_____
_____

20__:

_____
_____
_____

20__:

_____
_____
_____

20__:

_____
_____
_____

20__:

_____
_____
_____

December 6

20__:

_____
_____
_____

20__:

_____
_____
_____

20__:

_____
_____
_____

20__:

_____
_____
_____

20__:

_____
_____
_____

December 7

20__:

_____

_____

_____

20__:

_____

_____

_____

20__:

_____

_____

_____

20__:

_____

_____

_____

20__:

_____

_____

_____

December 8

20___:

_____
_____
_____

20___:

_____
_____
_____

20___:

_____
_____
_____

20___:

_____
_____
_____

20___:

_____
_____
_____

December 9

20___:

_____
_____
_____

20___:

_____
_____
_____

20___:

_____
_____
_____

20___:

_____
_____
_____

20___:

_____
_____
_____

December 10

20___:

_____

_____

_____

20___:

_____

_____

_____

20___:

_____

_____

_____

20___:

_____

_____

_____

20___:

_____

_____

_____

December 11

20__:

_____
_____
_____

20__:

_____
_____
_____

20__:

_____
_____
_____

20__:

_____
_____
_____

20__:

_____
_____
_____

December 12

20___:

_____
_____
_____

20___:

_____
_____
_____

20___:

_____
_____
_____

20___:

_____
_____
_____

20___:

_____
_____
_____

December 13

20__:

_____
_____
_____

20__:

_____
_____
_____

20__:

_____
_____
_____

20__:

_____
_____
_____

20__:

_____
_____
_____

December 14

20___:

_____
_____
_____

20___:

_____
_____
_____

20___:

_____
_____
_____

20___:

_____
_____
_____

20___:

_____
_____
_____

December 15

20___:

_____
_____
_____

20___:

_____
_____
_____

20___:

_____
_____
_____

20___:

_____
_____
_____

20___:

_____
_____
_____

December 16

20___:

_____
_____
_____

20___:

_____
_____
_____

20___:

_____
_____
_____

20___:

_____
_____
_____

20___:

_____
_____
_____

December 17

20__:

_____

_____

_____

20__:

_____

_____

_____

20__:

_____

_____

_____

20__:

_____

_____

_____

20__:

_____

_____

_____

December 18

20___:

_____

_____

_____

20___:

_____

_____

_____

20___:

_____

_____

_____

20___:

_____

_____

_____

20___:

_____

_____

_____

December 19

20___:

_____
_____
_____

20___:

_____
_____
_____

20___:

_____
_____
_____

20___:

_____
_____
_____

20___:

_____
_____
_____

December 20

20___:

_____
_____
_____

20___:

_____
_____
_____

20___:

_____
_____
_____

20___:

_____
_____
_____

20___:

_____
_____
_____

December 21

20___:

_____

_____

_____

20___:

_____

_____

_____

20___:

_____

_____

_____

20___:

_____

_____

_____

20___:

_____

_____

_____

December 22

20__:

_____
_____
_____

20__:

_____
_____
_____

20__:

_____
_____
_____

20__:

_____
_____
_____

20__:

_____
_____
_____

December 23

20___:

_____
_____
_____

20___:

_____
_____
_____

20___:

_____
_____
_____

20___:

_____
_____
_____

20___:

_____
_____
_____

December 24

20__:

_____

_____

_____

20__:

_____

_____

_____

20__:

_____

_____

_____

20__:

_____

_____

_____

20__:

_____

_____

_____

December 25

20___:

_____

_____

_____

20___:

_____

_____

_____

20___:

_____

_____

_____

20___:

_____

_____

_____

20___:

_____

_____

_____

December 26

20___:

_____

_____

_____

20___:

_____

_____

_____

20___:

_____

_____

_____

20___:

_____

_____

_____

20___:

_____

_____

_____

December 27

20___:

_____
_____
_____

20___:

_____
_____
_____

20___:

_____
_____
_____

20___:

_____
_____
_____

20___:

_____
_____
_____

December 28

20___:

_____

_____

_____

20___:

_____

_____

_____

20___:

_____

_____

_____

20___:

_____

_____

_____

20___:

_____

_____

_____

December 29

20___:

_____

_____

_____

20___:

_____

_____

_____

20___:

_____

_____

_____

20___:

_____

_____

_____

20___:

_____

_____

_____

December 30

20___:

_____

_____

_____

20___:

_____

_____

_____

20___:

_____

_____

_____

20___:

_____

_____

_____

20___:

_____

_____

_____

December 31

20___:

_____

_____

_____

20___:

_____

_____

_____

20___:

_____

_____

_____

20___:

_____

_____

_____

20___:

_____

_____

_____

74943705R00206

Made in the USA
San Bernardino, CA
22 April 2018